Zum

Bauhandwerkergesetz.

Vorschläge zur Abänderung

des

Regierungs-Entwurfs vom 15. Dezember 1897.

Von

Hermann Schneider,
Amtsgerichtsrath in Finsterwalde.

Berlin SW48.
Wilhelmstraße 119/120.
J. Guttentag, Verlagsbuchhandlung.
1898.

Seit längerer Zeit haben die Bestrebungen der Bauhandwerker, einen gesetzlichen Schutz gegen die Ausbeutung durch gewissenlose Unternehmer zu erlangen, eine lebhafte Unterstützung in der öffentlichen Meinung gefunden.

Die Schädigung der Handwerker ist durch eine für sie unbillige Bestimmung des Privatrechts möglich. Die auf einem Grundstück errichteten Gebäude unterliegen dem dinglichen Recht der Realgläubiger, wenn die Baustelle auch zur Zeit der Beleihung weit über ihren Werth belastet war. Der Bauhandwerker schafft durch seine Arbeit ein neues Werthobjekt, das Gebäude; wenn der Eigenthümer seine Baustelle überlastet hat oder die zum Bau aufgenommenen Baugelder nicht zu diesem Zweck verwendet, kommt der neu geschaffene Werth den Realgläubigern zu gute, und die Handwerker gehen leer aus. Vielfach werden sie auf ihre eigene Wachsamkeit bei Uebernahme der Lieferung verwiesen. Dies ist aber nicht angebracht, denn sie müssen gesetzlich und der Natur der Sache nach vorleisten, also Kredit geben. Ein Handwerker, der vom Bauherrn Vorauszahlung oder Sicherheit verlangt, kann sicher darauf rechnen, daß sein Angebot dieses Verlangens wegen zurückgewiesen werden wird. Der Bauherr prüft erst die Arbeit, ehe er zahlt oder eine Sicherheit leistet. Seine Stellung ist die wirthschaftlich stärkere, ihm muß sich der Handwerker fügen.

Der Pfandrechtstitel, den das bürgerliche Gesetzbuch, § 648, den Bauhandwerkern nach dem Vorbilde des Allgemeinen Landrechts gewährt, genügt offensichtlich nicht.

Daher hat die Regierung im Reichsanzeiger vom 15. Dezember 1897 den Entwurf eines Gesetzes über die Sicherung der Bauforderungen*) veröffentlicht, der den Handwerkern ausreichenden Schutz schaffen soll. In der ausführlichen Begründung dieses Entwurfs ist gleichzeitig die praktische Undurchführbarkeit aller früheren Vorschläge, welche dasselbe Ziel verfolgten, dargethan.

Der Entwurf will aber ferner dem Eigenthümer die Möglichkeit nicht abschneiden, den Realkredit, durch den er sich die Mittel zum Bau verschaffen kann, in Bewegung zu setzen.

Vor Beginn des Baues pflegt der Eigenthümer für einen Baugeldgeber eine Hypothek, deren Valuta je nach Fortschreiten des Baues gezahlt wird, eintragen zu lassen.

Man fürchtet, wenn man dem Eigenthümer diesen Realkredit unterbindet, die Bauthätigkeit in die Hände des Großkapitals zu treiben und dadurch die selbständigen Handwerker zu Arbeitern zu erniedrigen.

Die Grundzüge des Entwurfs sind folgende:

---

*) vgl. Anhang.

In den durch landesherrliche Verordnung bestimmten Bezirken (Neubaubezirken) wird im Fall der Errichtung eines Neubaues (nicht Umbaues) den Baugläubigern, welche ihre Forderung in einer bestimmten Frist anmelden, eine Sicherungshypothek gewährt.

Baugläubiger sind:

1. Die Unternehmer des Bauwerks oder eines einzelnen Theiles des Bauwerks.
2. Die an der Herstellung des Bauwerks auf Grund eines Dienstvertrages Betheiligten wegen ihrer Ansprüche auf die in Geld vereinbarte Vergütung, sofern die Werk- oder Dienstverträge vom Eigenthümer der Baustelle oder für dessen Rechnung geschlossen sind (Bauforderungen).

Die Bauerlaubniß wird nur unter der Bedingung ertheilt, daß ein Bauvermerk, welcher die Angabe, daß das Grundstück bebaut werden soll, und den Baustellenwerth enthält, in das Grundbuch eingetragen wird.

Der Baustellenwerth wird durch ein landesgesetzlich geregeltes Verfahren ermittelt.

Die Anmeldung einer Bauforderung ist nur wirksam, wenn der Baugläubiger eine schriftliche Zustimmung des Eigenthümers oder eine gegen denselben erwirkte einstweilige Verfügung beibringt.

Der Rang der für die Baugläubiger nach Ablauf der Frist einzutragenden Hypothek richtet sich nach der Zeit der Eintragung des Bauvermerks.

Die voreingetragenen Rechte stehen jedoch der Bauhypothek im Falle einer Zwangsversteigerung oder Zwangsverwaltung nach, insoweit sie das Grundstück über den Baustellenwerth belasten.

Nur dasjenige, was der Baugeldgeber in Anrechnung auf die von ihm zu leistende Valuta der Baugelderhypothek zum Zweck der Tilgung einer Bauforderung bezahlt hat, behauptet seinen Rang vor den Bauggläubigern.

Gegen den Entwurf sind von den verschiedensten Seiten Bedenken erhoben, auf die zum Theil schon in seiner Begründung aufmerksam gemacht ist.

Der Zweck dieser Abhandlung ist, einen Weg anzudeuten, auf welchem die wesentlichsten Bedenken beseitigt werden können.

Die Grundzüge eines solchen Vorschlags sind folgende:

§ 1.

1. Wenn auf einem nicht zu land- oder forstwirthschaftlichem Betriebe bestimmten Grundstücke ein Neubau zu Wohn- oder gewerblichen Zwecken errichtet werden soll, unterliegt er den Vorschriften dieses Gesetzes.

   Durch landesherrliche Verordnung kann bestimmt werden, daß das Gesetz in einem Bundesstaate oder in einem Theile eines Bundesstaates nicht zur Anwendung kommen soll.

2. Bei jedem dem Gesetze unterliegenden Neubau ist ein Bauvermerk, welcher die Angabe, daß das Grundstück bebaut werden soll, enthält, in das Grundbuch ein-

zutragen. Die Zeit der Eintragung dieses Vermerks bestimmt den Rang der nach § 4 einzutragenden Bauhypothek.

3. Die Bauerlaubniß darf nur ertheilt werden, wenn der Werth der dem Bauvermerk vorhergehenden und gleichstehenden Rechte den Baustellenwerth nicht übersteigt, es sei denn, daß der Eigenthümer oder ein anderer für den Betrag, mit dem das Grundstück über den Baustellenwerth belastet ist, Sicherheit durch Hinterlegung von Geld oder von inländischen Werthpapieren leistet.

4. Der Baustellenwerth wird durch ein landesgesetzlich geregeltes Verfahren ermittelt.

5. Bei der Werthberechnung der voreingetragenen Rechte wird der Kapitalbetrag ohne Zinsen und ähnliche Leistungen angesetzt.

Den Kapitalwerth von Rechten, deren Geldwerth sich aus dem Grundbuch nicht ergiebt, hat der Grundbuchrichter festzusetzen.

§ 2.

Der Eigenthümer kann beantragen, daß die voraussichtlichen Kosten des Neubaues ermittelt werden.

Dies geschieht durch ein landesgesetzlich geregeltes Verfahren.

Wenn der Eigenthümer für die volle Bausumme durch Hinterlegung von Geld oder von inländischen Werthpapieren

Sicherheit leistet, ist die Eintragung des Bauverwerks nicht erforderlich.

§ 3.

1. Bauforderungen sind alle auf Vertrag beruhenden Forderungen für in den Bau nützlich verwendete Leistungen, insoweit die vertragsmäßige Vergütung den üblichen Satz nicht erheblich übersteigt.

2. Hiernach gehören auch Forderungen, welche nach dem zu Grunde liegenden Vertrage nicht gegen den Eigenthümer, sondern gegen eine Zwischenperson entstanden sind, zu den Bauforderungen.

   Wenn der Eigenthümer oder Baugeldgeber eine Bauforderung seiner vertragsmäßigen Verpflichtung gemäß berichtigt hat, fällt das Recht eines anderen Baugläubigers, welcher dieselbe Verwendung in den Bau geltend macht, weg.

   Der Baugläubiger hat die Anwartschaft auf die nach § 4 dieses Vorschlags einzutragende Hypothek.

3. Wenn mehrere Baugläubiger dieselbe Verwendung in den Bau geltend machen, so schließt der Vormann den Nachmann aus, d. h. wenn der Eigenthümer z. B. den Bau an B vergeben hat, dieser hat die Tischlerarbeiten dem C übertragen, C hat wieder einen Theil der Arbeiten an D überlassen und dieser hat sein Holz von E bezogen, so sind B, C, D und E Baugläubiger, aber der dem Eigenthümer in der Reihe näher stehende schließt die weiter folgenden aus.

Der Nachmann hat aber ein Pfandrecht an dem Recht eines jeden Vormannes.

Durch dies Pfandrecht ist kein Betheiligter verhindert, seinen vertragsmäßigen Verpflichtungen gegen seinen Nachmann nachzukommen. Dadurch, daß ein Baugläubiger seinem direkten Nachmann bezahlt, erlischt das Pfandrecht auch für alle folgenden Nachmänner.

§ 4.

1. Nach Abnahme des Baues oder Erlöschen der Bauerlaubniß macht die Baupolizeibehörde dem Grundbuchamt sofort Anzeige und übersendet die Urkunde über die etwa erfolgte Hinterlegung (§§ 1 und 2).

Das Grundbuchamt beraumt einen Termin, der nicht unter 3 Wochen und nicht über 4 Wochen angesetzt werden darf, an.

Der Termin und die Folgen der Versäumniß desselben sind öffentlich bekannt zu machen; die Betheiligten erhalten besondere Ladung.

Betheiligte sind der Eigenthümer, der Baugeldgeber und die Baugläubiger, welche ihre Forderungen bis eine Woche vor dem Termin angemeldet haben.

2. Das Ausbleiben im Termin hat für die Baugläubiger den Rechtsverlust, für den Baugeldgeber den Verlust seines unten bestimmten Vorrechts zur Folge.

Bauforderungen oder das Vorrecht des Baugeldgebers sind bei Widerspruch eines Betheiligten glaubhaft zu machen.

Das Verfahren wird ähnlich wie das Vertheilungsverfahren nach §§ 758 fg. C.P.O. gestaltet.

Der Baugläubiger hat gegen den Widersprechenden Klage zu erheben. § 764 C.P.O.

3. Im Termin wird der Theilungsplan aufgestellt; die Hinterlegungsmasse ist zu versilbern und zu vertheilen. Im Uebrigen erfolgt für die Baugläubiger die Eintragung einer Hypothek, bei der das etwa angemeldete Pfandrecht für den Nachmann (§ 3) zu berücksichtigen ist.

   Bei streitigen Posten erfolgt die Eintragung unter Hinweis auf den Widerspruch.

   Die Eintragung der Hypothek für eine Bauforderung oder für den Theil einer Bauforderung kann von jedem Betheiligten durch Sicherheitsleistung abgewendet werden.

   Die Baugläubiger haben unter sich gleiche Rechte.

4. Wenn bis zum Eintreffen der Nachricht der Baupolizeibehörde beim Grundbuchamt für den Baugeldgeber eine als Baugelderhypothek bezeichnete Hypothek unmittelbar hinter dem Bauvermerk eingetragen ist, so geht sie der Hypothek der Baugläubiger vor, insoweit der Baugeldgeber die Tilgung von Bauforderungen nachweisen kann. (§ 16 des Regierungs-Entwurfs.)

5. Nach Abhaltung des Termines wird der Bauvermerk von Amts wegen gelöscht.

6. Ist das Zwangsversteigerungsverfahren eingeleitet, so

haben die Baugläubiger ihre Rechte in diesem Verfahren wahrzunehmen.

Wenn die Subhastation ohne den Verkauf des Grundstücks ihre Erledigung findet, hat das Grundbuchamt bei Löschung des Zwangsversteigerungsvermerks den Termin unseres Gesetzes anzuberaumen.

Begründung.

§ 1.

1. Der Regierungs-Entwurf beschränkt sein Geltungsgebiet auf die durch landesherrliche Verordnung gebildeten Neubaubezirke. (§ 1 des Entwurfs.)

Es ist erwogen, daß die Mißstände sich hauptsächlich in der Umgebung der Großstädte gezeigt haben und daß in den kleineren Städten und auf dem platten Lande ein Bedürfniß nach einem gesetzlichen Einschreiten nicht hervorgetreten ist.

Die Einschränkung ist nicht unbedenklich, denn der Bauschwindel wird sich sein Feld in den vom Gesetz nicht berührten Gegenden suchen, und der Bauhandwerker wird in vielen Fällen glauben, er genieße einen Schutz, der in Wirklichkeit versagt.

Ueberwiegende Gründe sprechen indessen für Einschränkung des Geltungsgebietes des Gesetzes; seine Bestimmungen passen nicht für alle Gegenden.

Im Gegensatz zum Regierungs-Entwurf ist aber in unserm Vorschlag die Tendenz nach der allgemeinen Gültigkeit des Gesetzes zum Ausdruck gebracht.

Besondere Gebietstheile können ausgeschlossen werden. Ebenso wie im Regierungs-Entwurf ist davon Abstand genommen, einen Umbau ebenso wie einen Neubau zu behandeln. (§ 2 des Entwurfs und Begründung dazu.)

Die Grundstücke des Fiskus, des Landesherrn u. s. w. unterliegen dem Gesetze nicht. (§ 24 des Entwurfs.)

2. Die Eintragung des Bauvermerks, nach dem sich der Rang der Bauhypothek richtet, ist beibehalten. (§ 2 des Entwurfs.) Der Eintragung des Baustellenwerthes bedarf es nicht mehr, da nach dem, was zu 3 in diesem Paragraphen bestimmt ist, die Rangverhältnisse der vorhergehenden Eintragungen in das Grundbuch durch den Vermerk nicht berührt werden.
3. Das schwerste Bedenken, welches gegen den Regierungs-Entwurf geltend gemacht ist, liegt darin, daß er unsere bewährten Grundbuchgesetze durchbricht. Die Bauforderungen drängen sich vor die älteren Realrechte, insoweit diese den Baustellenwerth übersteigen, und schädigen wohlerworbene Rechte Dritter. Nicht einmal die zur Zeit des Erlasses des Gesetzes oder der Feststellung der Neubaubezirke bestehenden Rechte sind geschützt. Der Baustellenwerth ist ein veränderlicher, der Realkredit muß untergraben werden, wenn der Rang einer Hypothek auf einem Grundstück, welches einmal Baustelle werden kann, von der ungewissen Feststellung des Baustellenwerthes zur Zeit

seiner Bebauung abhängig gemacht wird. Die theoretische Erwägung, daß den älteren Rechten ihr Vorrecht auf den Baustellenwerth bleibt, ist praktisch bedeutungslos. Wer auf eine Baustelle 20 000 Mk. geliehen hat, kann im Falle der Subhastation nur in die Lage kommen, das Grundstück für seine Hypothek zu übernehmen, er kann dann auf günstigere Konjunktur warten. Wird das Grundstück aber bebaut und der Baustellenwerth nach dem Regierungs-Entwurf auf 10 000 Mk. festgesetzt, so verliert er sein Recht in Höhe von 10 000 Mk., wenn er die Baugläubiger nicht ausbieten kann oder will.

Auch dadurch ist er benachtheiligt, daß seine Forderung nicht im vollen Umfang bei Festsetzung des geringsten Gebots berücksichtigt wird, wenn ein Baugläubiger die Zwangsversteigerung betreibt. (§ 44 des Zwangsversteigerungsgesetzes vom 24. März 1897.)

Darüber, welche besonderen Schwierigkeiten der Fall bietet, in dem Rechte der zweiten Abtheilung des Grundbuches dem Bauvermerk vorgehen, wird auf die Begründung des Entwurfs verwiesen.

Nach unserem Vorschlag behalten dagegen die voreingetragenen Rechte ihren alten Rang, der Eigenthümer ist aber verpflichtet, für den den Baustellenwerth übersteigenden Betrag der Belastung Sicherheit zu leisten.

Unbillig erscheint es, von dem Eigenthümer Kaution für die ganze Bausumme zu fordern. Hierdurch würde die Bauthätigkeit zum Nachtheile der Handwerker eingeschränkt werden. Gegen das Verlangen einer beschränkten Sicherheitsleistung aber dürften kaum Einwendungen zu erheben sein.

Dem Eigenthümer, welcher bauen will, trotzdem er seine Baustelle überlastet hat, sind die im Interesse der Bauhandwerker nothwendigen Erschwerungen aufzuerlegen, nicht aber dritten Personen wohlerworbene Rechte zu nehmen.

Die Summe, für die er nach unserem Vorschlag Sicherheit zu leisten hat, ist eine verhältnißmäßig geringe. Kann er diese Summe nicht aufbringen, und hat er sein Grundstück überlastet, so ist sein Unternehmen als ein solides nicht mehr anzusehen.

Bemerkt wird, daß es sich empfehlen dürfte, eine Bestimmung in das Gesetz aufzunehmen, nach der voreingetragene Posten bei Eintragung des Bauvermerks den Baugläubigern das Vorrecht einräumen können. Nach den §§ 880, 881 des Bürgerlichen Gesetzbuches ist eine solche Vorrechtseinräumung mit dinglicher Wirkung nicht durchführbar.

Die Sicherheitsleistung geschieht zweckmäßig nach den Bestimmungen für die Subhastationskaution, § 69 des Gesetzes vom 24. März 1897, durch Hinterlegung von Geld oder von inländischen Werthpapieren.

4. Zur Bekämpfung des Regierungs-Entwurfs ist vielfach auf die Schwierigkeit der Ermittelung des Baustellenwerthes hingewiesen.

Nach unserm Vorschlag hat diese Ermittelung bei weitem nicht mehr die weittragende Bedeutung wie nach dem Regierungs-Entwurf.

Nach diesem ist der Rang der Hypotheken für alle Zeiten von der Festsetzung des Werthes abhängig, nach unserm Vorschlag handelt es sich nur um die Höhe einer Sicherheit.

Der Eigenthümer wird in den meisten Fällen lieber eine etwas höhere Kaution stellen, als ein weitläufiges und kostspieliges Verfahren veranlassen. Demgemäß dürfte die Bildung von Bauschöffen-Aemtern, wie sie in dem Preußischen Entwurf eines Ausführungsgesetzes zu unserm Gesetz vorgesehen ist, überflüssig sein. Die Kommunalbehörde kann, wie im § 11 des Entwurfs des Preußischen Gesetzes bestimmt ist, Einheitssätze für das Quadratmeter festsetzen. Es können hierbei verschiedene Verhältnisse, z. B. das Vorder- und Hinterland, berücksichtigt werden. Die Einheitssätze sind öffentlich bekannt zu machen und ergeben einen Mindestwerth, der in den bei weitem meisten Fällen dem Eigenthümer genügen wird. Man könnte deshalb demselben sogar das Recht, eine höhere Festsetzung zu verlangen, versagen.

Die verschiedenen Interessengruppen in den kommunalen Vertretungen werden dafür sorgen, daß die Festsetzung des Mindestwerthes einigermaßen richtig geschieht. Gegen die Benachtheiligung von Interessenten wird das Aufsichtsrecht der Regierung, das in dieser Beziehung besonders geordnet werden kann, genügenden Schutz gewähren.

5. Bei der Werthsberechnung der Forderungen der voreingetragenen Gläubiger ist der Einfachheit wegen nur der Kapitalwerth anzusetzen.

Die Festsetzung eines Betrages für die Rechte, deren Geldwerth aus dem Grundbuch nicht hervorgeht, durch den Richter macht keine Schwierigkeiten. (Vgl. §§ 46, 51 des Gesetzes vom 24. März 1897.)

Die ähnliche Bestimmung des § 58 des Zwangsversteigerungsgesetzes vom 13. Juli 1883 hat in der Praxis keine Weitläufigkeiten verursacht.

Für den Fall, daß ein Nießbrauch oder ein ähnliches Nutzungsrecht, das sich rechtlich auf die Nutzungen der später errichteten Gebäude erstreckt, eingetragen ist, müßten besondere Vorschriften gegeben werden.

§ 2.

Daß es dem Eigenthümer freistehen muß, durch Sicherheitsleistung für die volle Bausumme die Eintragung des Bauvermerks zu vermeiden, bedarf keiner Rechtfertigung. Auf Grund der Bauzeichnung und eines Anschlages lassen sich die voraussichtlichen Kosten eines Baues ermitteln. Den Eigenthümer treffen die Kosten des nach Landesrecht zu regelnden Verfahrens. Die zuständige Behörde wird dafür sorgen, daß die Baugläubiger nicht durch eine zu niedrige Schätzung benachtheiligt werden.

§ 3.

1\. 2. Im Gegensatz zum Regierungs-Entwurf ist der Kreis der Baugläubiger so weit als möglich gezogen.

Der Entwurf schließt die Lieferanten von Baumaterialien aus, weil diese gesetzlich nur zur Leistung Zug um Zug verpflichtet sind und nach ihrer wirthschaftlichen Lage in der Regel auch von ihrem Recht Gebrauch machen können.

Dieser Ausschluß der Lieferanten ist in unserm Vorschlag fallen gelassen.

Ihre Leistungen haben ebenso wie die der Handwerker das neue Werthobjekt geschaffen.

Der Unterschied zwischen dem Unternehmer eines Theiles des Bauwerks und dem Lieferanten wird sich häufig schwer feststellen lassen und dem Laien nie klar werden.

Der Tischler, welcher die Thüren für das Gebäude geliefert, dieselben aber nicht eingefügt hat, wird es nicht verstehen, daß er nicht geschützt ist und allen Baugläubigern nachstehen soll.

Für die Aufnahme der Lieferanten unter die Baugläubiger war aber ausschlaggebend, daß der Eigenthümer hierdurch in die Lage gesetzt ist, den Kredit des Baugeldgebers gehörig auszunutzen. Zur Bezahlung von Steinen, Holz und Kalk bedarf er dieses Kredits. Wenn der Lieferant und dadurch der Baugeldgeber, welcher ihn bezahlt, kein Vorrecht hat, wird dem Eigenthümer die Aufnahme der Baugelder-hypothek nutzlos.

Ferner ist die Beschränkung des Entwurfs auf die Forderung aus Verträgen, welche mit dem Eigenthümer oder für dessen Rechnung geschlossen sind, aufgegeben.

Man glaubte, daß die Berücksichtigung der Gläubiger, welche den Vertrag mit Zwischenpersonen geschlossen haben, zu unabsehbaren Verwicklungen führen werde, und wollte den Eigenthümer, der seinem Kontrahenten gegenüber den Vertrag erfüllte, gegen Ansprüche Dritter schützen.

Trotzdem stellt unseres Erachtens der Ausschluß derjenigen Gläubiger, welche ihre Verträge mit Zwischenpersonen geschlossen haben, den Nutzen des Gesetzes in Frage.

Sehr selten wird der Handwerker sich durch Einsicht des Grundbuchs davon überzeugen, daß er es mit dem Eigenthümer zu thun hat.

Der Bauschwindel wird Zwischenpersonen in den verschiedensten Gestalten vorschieben, und die Handwerker, die auf den Schutz des Gesetzes vertrauen, werden weiter ausgebeutet werden.

Freilich würde es den ersten Grundsätzen des Rechts widerstreiten, wenn man den Eigenthümer dadurch, daß er von unbekannten Ansprüchen der Baugläubiger bedroht ist, veranlassen würde, seinen vertragsmäßigen Verpflichtungen nicht nachzukommen.

Wenn jemand einem Baumeister die Fertigstellung des Baues übertragen hat und er bezahlt ihn dem Vertrage gemäß, so muß er von seiner Verpflichtung befreit sein. Die Gläubiger des Baumeisters dürfen an seinem Grundstück ein Pfandrecht nicht mehr erwerben. Die Folge eines solchen Gesetzes würde sein, daß der Eigenthümer seine Verträge derartig schließt, daß er erst zur Zahlung nach Abhaltung des im § 4 erwähnten Termines verpflichtet ist. Der wirthschaftliche Nachtheil, der hierdurch allen Betheiligten entstehen kann, liegt auf der Hand.

Daher schützt unser Vorschlag den Eigenthümer, der Zahlung geleistet hat, unbedingt.

Die Baugläubiger können zwar durch unreelle Zwischenpersonen benachtheiligt werden, indessen ist diese Schädigung, die nicht unter den vom Gesetz getroffenen eigentlichen Bauschwindel fällt, nicht zu vermeiden. Durch eine Bestimmung, daß Verträge, welche in der Absicht geschlossen sind, die Baugläubiger zu benachtheiligen, anfechtbar sind, kann gegen durchsichtigen Schwindel eingeschritten werden.

3. Aus demselben Gesichtspunkte sind die Rechte der einzelnen Gläubiger unter sich geregelt.

Wenn verschiedene Personen darüber streiten, welche von ihnen eine bestimmte Verwenduug in den Bau gemacht hat, ist darüber im Prozeßwege nach allgemeinen Grundsätzen zu entscheiden. Besonderer Vorschriften bedarf es aber, wenn der eine sein Recht von dem andern ableitet. Dies ergiebt unser oben § 3 Nr. 3 angeführtes Beispiel.

Der Eigenthümer A vergiebt den Bau an B, dieser überträgt die Tischlerarbeiten an C. C hat wieder einen Theil der Arbeiten an D überlassen und dieser hat sein Holz von E bezogen.

Die juristische Konstruktion der Rechte der verschiedenen Personen kann Schwierigkeiten machen, auf die hier nicht näher eingegangen werden soll. Praktisch erledigt sich die Sache folgendermaßen:

Wenn nur E im Termin seine Forderung anmeldet, so erlangt er ein Pfandrecht an dem Grundstück des A wegen seiner Forderung gegen D. Melden sich C, D und E, so hat C das Pfandrecht an dem Grundstück des A; für D und E wird ein Pfandrecht an dem Rechte des C eingetragen. Hat aber C dem D bezahlt, so ist auch das Pfandrecht des E erloschen; wäre dies nicht festgesetzt, könnte C zur doppelten Zahlung gezwungen werden.

Diese Bestimmungen sind nicht so verwickelt, wie es den Anschein hat; in den seltenen Fällen, in denen eine Reihe unbezahlter Gläubiger sich meldet, wird in dem Termin des § 4 leicht festzustellen sein, was ein jeder zu erhalten hat. Prozesse werden sich hieraus nur entwickeln, wenn ein materieller Streit vorliegt, der auch ohne unser Verfahren im Rechtswege ausgetragen werden müßte.

Bemerkt wird, daß nach § 4 im Falle des Widerspruchs eines Betheiligten der Baugläubiger seine Forderung glaubhaft zu machen hat und daß daher E in diesem Falle die Ableitung seines Rechts von A durch die verschiedenen Verträge darthun muß.

Da den Baugläubigern durch das Gesetz bedeutende und außergewöhnliche Rechte gewährt werden, liegt es nahe, einen schriftlichen Vertrag als Grundlage der Bauforderung zu verlangen. Davon ist indessen Abstand genommen, weil sich Schwierigkeiten ergeben, wenn der eine der oben erwähnten Reihe einen schriftlichen Vertrag geschlossen hat, der andere nicht.

§ 4.

Um eine formelle Erledigung der Sache herbeizuführen, ist ein gerichtliches Verfahren nach Muster der §§ 758 fg. C.P.O. in Aussicht genommen. Durch die Präklusion eines solchen Verfahrens wird klares Recht geschaffen, Streitigkeiten werden durch den Zwang zur Klage zur schnellen Entscheidung gebracht.

Vor frivolen und ungerechtfertigten Ansprüchen ist der Eigenthümer durch die Pflicht des Baugläubigers zur Glaubhaftmachung geschützt; er kann sie in den meisten Fällen dadurch, daß er Sicherheit leistet, unschädlich machen.

Mit der Erledigung des Verfahrens ist im Allgemeinen der Einfachheit wegen der Grundbuchrichter betraut. Wenn ein Subhastationsverfahren schwebt, wird unser Verfahren zweckmäßig mit demselben verbunden. § 4 Nr. 6. Besonderer Bestimmungen über das Zwangsverwaltungsverfahren bedarf es nicht.

Durch die Präklusion in dem Verfahren werden naturgemäß lediglich die Rechte der Baugläubiger und des Baugeldgebers aus diesem Gesetze berührt. Ihre vertragsmäßigen oder sonstigen Rechte gegen den Eigenthümer oder Dritte bleiben bestehen. Auch dem Eigenthümer oder einem Dritten ist es unbenommen, Forderungen, für welche ein Pfandrecht nach diesem Gesetze erworben ist, zu bestreiten und anzufechten. Nur der Akt der Bestellung des Pfandrechts und der durch dasselbe begründete Rang kann später nicht mehr beanstandet werden.

Dem Eigenthümer ist in unserm Vorschlag die Möglichkeit, sich durch eine Baugelderhypothek Kredit zu verschaffen, offengehalten. Dies kann auf doppelte Weise geschehen.

A. Der Baugeldgeber läßt seine Hypothek vor oder gleichzeitig mit dem Bauvermerk eintragen, dann ist, insoweit der Baustellenwerth durch die Eintragung überschritten ist, die Sicherheit des § 1 unseres Vorschlages zu stellen. Thatsächlich wird diese Sicherheit mit dem Gelde des Geldgebers geleistet werden. Nach jetzt geltendem Recht giebt der Geldgeber die Valuta der Hypothek nach Fertigstellung der einzelnen Theile des Baues, nach unserem Gesetz muß er sie, wenigstens insoweit die Hypothek den Baustellenwerth übersteigt, sofort zahlen, er hat aber die Sicherheit, daß sie nicht anders als zum Bau verwendet werden kann. Vertragsmäßig wird er sich die Rückforderung der von ihm gestellten Kaution vorbehalten, wenn der Bau nicht zur Ausführung gelangt. Er kann sich dies Recht dadurch besonders sichern, daß er die Sicherheit auf seinen eigenen Namen hinterlegt.

In vielen Fällen wird der Eigenthümer sich auf diese Weise das Baugeld nicht verschaffen können, weil die Baugläubiger, wenn auch nicht sofort volle Zahlung, so doch Vorschuß verlangen werden, und hier die Baugelder bis zum Termin festgelegt sind.

Wenn die Baustelle nicht oder wenig belastet ist, wird eine solche Eintragung der Baugelderhypothek voraussichtlich öfter stattfinden, denn dann bleibt dem Eigenthümer ein gewisser Dispositionsfonds zur Hingabe von Vorschüssen.

B. Nach § 4 Nr. 4 unseres Vorschlages ist aber auch der Baugeldgeber, welcher sich unmittelbar nach dem Bauvermerk eintragen läßt, geschützt. Ihm ist, wenn er Bauforderungen bezahlt, das Vorrecht vor den Baugläubigern wie im Regierungs-Entwurf § 16 gewährt. Da die Forderungen im Termin bestritten werden können, wird er sich nicht nur wie früher über das thatsächliche Fortschreiten des Baues, sondern auch über die Richtigkeit der Forderungen, welche er bezahlt, informiren müssen. Er wird häufig bei Abschluß der Bauverträge zugezogen werden. Nur unzweifelhafte Forderungen kann er vor dem Termin berichtigen, er wird aber in der Lage sein, Theilzahlungen zu leisten, denn er wird leicht feststellen können, daß ein Theil eines geltend gemachten Anspruches unbestreitbar Bauforderung ist.

Es ist auch zu berücksichtigen, daß der Bau-Kredit des Eigenthümers durch den weitgehenden Schutz der Bauforderungen gehoben wird, auch wenn er keine Baugelderhypothek aufnimmt.

Weiter auf Einzelheiten einzugehen, würde zu weit führen.

Zum Schluß mag noch bemerkt werden, daß sich das Verfahren nach unserm Vorschlag in der Praxis in den bei weitem meisten Fällen einfach gestalten wird.

Der Eigenthümer läßt den Bauvermerk in das Grundbuch eintragen und läßt sich eine beglaubigte Abschrift des Grundbuchblattes geben. Diese Abschrift wird mit dem Gesuch um Bauerlaubniß bei der Polizeibehörde eingereicht. Der Baustellenwerth und somit die Höhe der etwa erforderlichen Kaution ist nach den Einheitssätzen leicht zu ermitteln.

Dann erfolgt nach Fertigstellung des Baues die Ansetzung des Termines, durch welchen, wie die Erfahrung in ähnlichen Fällen lehrt, Streitigkeiten abgeschnitten werden.

Bei allen reellen Bauunternehmungen wird sich die Sache ohne Anstände abwickeln. Es werden entweder gar keine, oder unbestrittene Rechte angemeldet werden, unreellen Unternehmungen aber wird das Gesetz Schranken setzen.

Anhang.

Regierungs-Entwurf eines Gesetzes,

betreffend die

Sicherung der Bauforderungen.

§ 1.

Durch landesherrliche Verordnung kann angeordnet werden, daß für einzelne Gemeinden oder Theile von Gemeinden, in welchen die Errichtung von Neubauten in größerem Umfange zu erwarten ist (Neubaubezirke), eine Sicherung der Bauforderungen nach den Vorschriften dieses Gesetzes stattzufinden hat.

§ 2.

Soll in einem Neubaubezirke ein zu Wohn- oder gewerblichen Zwecken bestimmtes Gebäude auf einem Grundstück errichtet werden, welches in den letzten fünf Kalenderjahren unbebaut oder nur mit Gebäuden untergeordneter Art besetzt war, so darf die Bauerlaubniß nur unter der Bedingung ertheilt werden, daß auf dem Grundbuchblatte der Baustelle ein Bauvermerk eingetragen wird. Der Bauvermerk enthält die Angabe, daß das Grundstück bebaut werden soll, und die Höhe des Baustellenwerths. Mit der Ausführung des Baues darf nicht begonnen werden, bevor der Baupolizeibehörde die Eintragung des Bauvermerks nachgewiesen ist.

§ 3.

Die Grundsätze für die Bemessung des Baustellenwerths und das Feststellungsverfahren werden, sofern sie nicht landesgesetzlich geregelt sind, durch landesherrliche Verordnung bestimmt.

§ 4.

Die Eintragung des Bauvermerks erfolgt auf Antrag des Eigenthümers auf Grund der Bauerlaubniß und einer Bescheinigung der zuständigen Behörde über die Höhe des Baustellenwerths.

Bildet die Baustelle nur einen Theil eines Grundstücks, so ist der Theil von dem Grundstück abzuschreiben und als selbständiges Grundstück einzutragen.

§ 5.

Der Bauvermerk wird gelöscht, wenn dem Grundbuchamt eine Bescheinigung der Baupolizeibehörde vorgelegt wird, daß vor dem Beginne des Baues die Bauerlaubniß erloschen oder von dem Bau Abstand genommen ist.

§ 6.

Sobald nach der Vollendung des Baues festgestellt worden ist, daß baupolizeiliche Bedenken, das Gebäude in Gebrauch zu nehmen, nicht bestehen, hat die Baupolizeibehörde hiervon dem Grundbuchamte Mittheilung zu machen. Binnen einer Frist von sechs Monaten, die mit dem Eingange dieser Mittheilung beginnt, können die Baugläubiger ihre Bauforderungen bei dem Grundbuchamt anmelden.

Erlischt die Bauerlaubniß nach dem Beginne des Baues, so hat die Baupolizeibehörde hiervon dem Grundbuchamte Mittheilung zu machen. In diesem Falle beginnt die in Abs. 1 bestimmte Anmeldungsfrist mit dem Eingange dieser Mittheilung.

Die Einsicht der Mittheilungen der Baupolizeibehörde ist Jedem gestattet.

§ 7.

Als Baugläubiger gelten:

1. Die Unternehmer des Bauwerks oder eines einzelnen Theiles des Bauwerks;
2. die an der Herstellung des Bauwerks auf Grund eines Dienstvertrages Betheiligten

wegen ihrer Ansprüche auf die in Geld vereinbarte Vergütung, sofern die Werk- oder Dienstverträge von dem Eigenthümer der Baustelle oder für dessen Rechnung geschlossen sind (Bauforderungen). Durch eine nachträgliche Veräußerung der Baustelle werden die Rechte der Baugläubiger nicht berührt.

Zinsen der vereinbarten Vergütung gehören nicht zu den Bauforderungen.

§ 8.

Die Anmeldung einer Bauforderung ist nur wirksam, wenn bis zum Ablaufe der Anmeldungsfrist (§ 6) eine schriftliche Zustimmung des Eigenthümers zur Anmeldung oder eine gegen den Eigenthümer ergangene, die Zulässigkeit der Anmeldung anordnende einstweilige Verfügung zu den Akten des Grundbuchamts eingereicht wird.

Zur Erlassung der einstweiligen Verfügung genügt die Glaubhaftmachung der Bauforderung.

§ 9.

Sind bis zum Ablaufe der Anmeldungsfrist (§ 6) wirksame Anmeldungen nicht erfolgt oder die erfolgten Anmeldungen in der für Eintragungsbewilligungen in der Grundbuchordnung vorgeschriebenen Form zurückgenommen, so wird der Bauvermerk von Amts wegen gelöscht.

§ 10.

Liegen beim Ablaufe der Frist wirksame Anmeldungen vor, so wird von Amts wegen eine als Bauhypothek zu bezeichnende Sicherungshypothek in Höhe des Gesammtbetrages der angemeldeten Bauforderungen eingetragen. Mit der Eintragung entsteht die Hypothek. Jedem Baugläubiger, dessen Bauforderung bei der Eintragung der Bauhypothek berücksichtigt ist, steht diese in Höhe des berücksichtigten Betrages zu. Einer Eintragung der einzelnen Baugläubiger in das Grundbuch bedarf es zur Entstehung der Hypothek nicht.

§ 11.

Hat der Baugläubiger den Werk- oder Dienstvertrag nicht vollständig erfüllt, so kann er die Bauforderung nur insoweit geltend machen, als seine Leistungen in den Bau verwendet sind. Die vereinbarte Vergütung ist in dem Verhältnisse herabzusetzen, in welchem zur Zeit des Vertragsschlusses der Werth der vereinbarten Leistung zu dem Werthe der wirklichen Leistung gestanden haben würde.

§ 12.

Uebersteigt die Höhe einer vereinbarten Vergütung die übliche um mehr als den fünften Theil, so kann jeder Betheiligte verlangen, daß bei Berechnung der Ansprüche aus der Bauhypothek der übliche Preis an Stelle des vereinbarten zu Grunde gelegt wird.

§ 13.

Wird die Bauhypothek vollständig gelöscht, so hat das Grundbuchamt zugleich von Amts wegen den Bauvermerk zu löschen.

Die Bauhypothek erlischt, wenn sie sich mit dem Eigenthum an dem Grundstück in einer Person vereinigt; die

§§ 1164, 1180, 1186, 1198 des Bürgerlichen Gesetzbuchs finden keine Anwendung.

Im Falle des § 6 Absatz 2 erlischt die Bauhypothek mit dem Ablaufe von drei Jahren seit der Eintragung; sie wird von Amts wegen gelöscht. Ist die Zwangsversteigerung oder Zwangsverwaltung vor dem Ablaufe der drei Jahre angeordnet worden, so gilt die Bauhypothek gleichwohl für dieses Verfahren als fortbestehend.

Beruht die Wirksamkeit einer Anmeldung auf einer einstweiligen Verfügung, so steht die Aufhebung der Verfügung durch rechtskräftige Entscheidung einer Löschungsbewilligung gleich.

§ 14.

Mehrere bei Eintragung der Bauhypothek berücksichtigte Bauforderungen haben unter sich gleichen Rang.

§ 15.

Der Rang der Bauhypothek gegenüber anderen Rechten bestimmt sich nach der Eintragung des Bauvermerks. Die Bauhypothek geht jedoch im Falle der Zwangsversteigerung voreingetragenen Rechten in Ansehung des den eingetragenen Baustellenwerth übersteigenden Theiles des Meistgebotes vor. Im Falle der Zwangsverwaltung begründet die Bauhypothek in Ansehung desjenigen Theiles der Ueberschüsse, welcher den mit vier vom Hundert berechneten Jahreszins einer dem Baustellenwerthe gleichkommenden Geldschuld übersteigt, ein Recht auf Befriedigung mit dem Range vor dem im § 10 Nr. 4 des Gesetzes über die Zwangsversteigerung und Zwangsverwaltung bezeichneten Anspruche.

§ 16.

Ist vor der Eintragung des Bauvermerks eine Hypothek zu Gunsten eines Gläubigers eingetragen, welcher die Gewährung von Baugeldern übernommen hat, und ist die Hypothek bei der Eintragung als Baugelderhypothek bezeichnet, so finden in Ansehung des Ranges dieser Hypothek die Vorschriften des § 15 mit der Maßgabe Anwendung, daß der Baustellenwerth sich um den Betrag derjenigen Zahlungen erhöht, welche von dem Baugeldgeber in Anrechnung auf die Baugelder zum Zwecke der Tilgung einer Bauforderung geleistet sind. Die Erhöhung ist ausgeschlossen, soweit dem Baugeldgeber zur Zeit der Zahlung bekannt war, daß die Bauforderung nicht bestehe; der Kenntniß steht eine auf grober Fahrlässigkeit beruhende Unkenntniß gleich.

§ 17.

Ist im Falle der Zwangsversteigerung oder der Zwangsverwaltung zur Zeit der Eintragung des Vollstreckungsvermerks die Eintragung der Bauhypothek noch nicht erfolgt, so können die Baugläubiger auf Grund des Bauvermerks Befriedigung aus dem Grundstücke verlangen; die Vorschriften der §§ 11, 12, 14 bis 16 finden entsprechende Anwendung.

§ 18.

Das Grundbuchamt hat nach der Eintragung des Vollstreckungsvermerks dem Vollstreckungsgericht eine beglaubigte Abschrift der wirksamen Anmeldungen zu ertheilen. Baugläubiger, für die nach der Mittheilung des Grundbuchamts zur Zeit der Eintragung des Vollstreckungsvermerks eine wirksame Anmeldung vorlag, stehen für das Vollstreckungsverfahren Gläubigern, die zu dieser Zeit im Grundbuch eingetragen waren, gleich.

Liegen später wirksame Anmeldungen vor, so hat das Grundbuchamt von diesen nachträglich Mittheilung zu machen; die Mittheilung ersetzt die Anmeldung und Glaubhaftmachung der Forderung im Vollstreckungsverfahren.

§ 19.

Hatte zur Zeit der Eintragung des Vollstreckungsvermerks die Anmeldungsfrist (§ 6) bereits begonnen, so darf der Versteigerungstermin nicht auf einen früheren Zeitpunkt als zwei Wochen nach dem Ablaufe der Frist bestimmt werden. Ist diese Vorschrift verletzt, so ist der Zuschlag zu versagen.

Beginnt die Anmeldungsfrist im Laufe des Vollstreckungsverfahrens, so kann jeder an dem Verfahren Betheiligte die Aufhebung des Termins und Bestimmung eines anderen Termins verlangen, wenn der Termin auf einen früheren als nach Absatz 1 zulässigen Zeitpunkt bestimmt ist. Im Falle der Verletzung dieser Vorschrift ist der Zuschlag zu versagen, es sei denn, daß das Recht des Betheiligten durch den Zuschlag nicht beeinträchtigt wird oder der Betheiligte das Verfahren genehmigt. Die Genehmigung ist durch eine öffentlich beglaubigte Urkunde nachzuweisen.

§ 20.

Soweit durch ein Urtheil der Widerspruch eines Baugläubigers gegen die Aufnahme der Forderung eines anderen Baugläubigers in den Vertheilungsplan rechtskräftig als begründet anerkannt ist, wirkt das Urtheil für alle Baugläubiger. Der widersprechende Baugläubiger kann Erstattung seiner Prozeßkosten aus dem bei der Vertheilung auf die Baugläubiger entfallenden Betrag insoweit verlangen, als in Folge des Widerspruchs der Antheil des Prozeßgegners an diesem Betrage vermindert ist.

§ 21.

Auf die durch dieses Gesetz den Baugläubigern gewährten Rechte kann erst nach dem Beginne der Anmeldungsfrist (§ 6) oder nach der Anordnung der Zwangsversteigerung oder der Zwangsverwaltung verzichtet werden.

§ 22.

Solange der Bauvermerk eingetragen ist, steht den Baugläubigern das im § 648 des Bürgerlichen Gesetzbuchs bestimmte Recht nur für solche Forderungen aus dem Werkvertrage zu, welche nicht Bauforderungen im Sinne dieses Gesetzes sind.

§ 23.

Wird die landesherrliche Verordnung (§ 1) zurückgenommen, so finden die Vorschriften dieses Gesetzes nur noch in Ansehung der Grundstücke Anwendung, bei denen die Eintragung eines Bauvermerks bereits erfolgt ist.

§ 24.

Auf Grundstücke des Fiskus und solche Grundstücke, welche einem dem öffentlichen Verkehre dienenden Bahnunternehmen gewidmet sind, sowie auf Grundstücke, welche nach landesherrlicher Verordnung ein Grundbuchblatt nur auf Antrag erhalten, finden die Vorschriften dieses Gesetzes keine Anwendung.

Das Gleiche gilt von den Grundstücken eines Landesherrn und den Grundstücken, welche zum Hausgut oder Familiengut einer landesherrlichen Familie, der Fürstlichen Familie Hohenzollern oder der Familie des vormaligen Hannoverschen Königshauses, des vormaligen Kurhessischen und des vormaligen Herzoglich Nassauischen Fürstenhauses gehören.

§ 25.

Die Vorschriften dieses Gesetzes treten gleichzeitig mit dem Gesetze über die Zwangsversteigerung und Zwangsverwaltung in Kraft. Die in §§ 1 und 3 bezeichneten Anordnungen können schon vor diesem Zeitpunkte getroffen werden.

Druck von Leonhard Simion, Berlin SW.